BRUNO LE FILEUR,

COMÉDIE-VAUDEVILLE EN DEUX ACTES,

Par MM. Cogniard frères,

REPRÉSENTÉE POUR LA PREMIÈRE FOIS A PARIS, SUR LE THÉATRE DU PALAIS-ROYAL, LE 31 AOUT 1837.

PERSONNAGES.	ACTEURS.	PERSONNAGES.	ACTEURS.
BRUNO, COUTURIER, (ouvriers fileurs.)	M. LEMESNIL. M. ACHARD.	DURAND, marchand herboriste.	M. BACHELARD.
GUSTAVE, jeune fashionable	M. FAUGÈRE.	PIERRE, domestique	M.
BEAUREGARD.	M. BARTHÉLEMY.	UN NOTAIRE.	M. MASSON.
		ADÈLE BLAINVILLE.	Mlle PERNON.

ACTE PREMIER.

Un salon de campagne. Trois portes vitrées au fond, donnant dans un autre salon plus petit. Fenêtres latérales. La fenêtre de droite est celle du jardin; celle de gauche est celle de la manufacture.

SCÈNE PREMIÈRE.

BEAUREGARD, *assis à droite devant une fenêtre,* DURAND, *de même de l'autre côté**.

Ils ont tous deux leur chapeau sur la tête.

BEAUREGARD, *à lui-même*. Dieu! le beau parc!.. les beaux marronniers!

DURAND, *à lui-même*. Les belles écuries! la belle manufacture!..

* Durand, Beauregard.

BEAUREGARD, *de même*. C'est grandiose! c'est Louis XV... un véritable Trianon!..

DURAND, *de même*. Quel rapport!... quelle fortune!.. quel héritage!

BEAUREGARD, *de même*. Le défunt ne m'aura pas oublié... j'en suis bien sûr...

DURAND, *de même*. J'aurai ma part de tout cela... c'est certain...

BEAUREGARD, *se retournant et regardant*

1855

Durand.) Est-ce que monsieur serait un héritier ?

DURAND, *même jeu.* Cet homme semble attendre comme moi... (*Il se lève et tire sa montre.*) Allons... encore une heure....

BEAUREGARD, *qui s'est aussi levé, allant vers Durand.* C'est avec monsieur, je crois, que j'ai fait en coucou le voyage de Paris à Saint-Ouen ?

DURAND, *saluant.* En effet, monsieur, j'étais le lapin.

BEAUREGARD. Monsieur vient peut-être comme moi, pour la lecture du testament de M. Blainville...

DURAND. En effet, monsieur...

BEAUREGARD, *à part.* Je ne me trompais pas.

DURAND, *à part.* C'est un héritier.

BEAUREGARD. Monsieur était parent ?

DURAND. Oh ! fort éloigné, et je ne suis venu que pour la forme... car j'espère bien peu... dans l'héritage du cousin.

BEAUREGARD. Ah ! monsieur est un cousin... c'est comme moi.... à la mode de Bretagne... Et pourrais-je savoir ?..

DURAND. Je me nomme Durand, herboriste en gros, reçu par la faculté de Paris... je fais des élèves...

BEAUREGARD. Oh ! mais j'ai beaucoup entendu parler de vous... vous êtes de la branche femelle... Moi, monsieur, je tiens aux Blainville par les mâles... je m'appelle Beauregard, spéculateur... entrepreneur...

DURAND. Beauregard !... oh ! sans vous connaître, je vous connais beaucoup !

BEAUREGARD. J'ai fait nombre d'entreprises à l'aide du défunt... il m'avançait des fonds... J'ai fondé avec lui une pâte pectorale et une pommade qui faisait croître les cheveux en vingt-quatre heures... la pommade du Léopard... et j'espère qu'il ne m'aura pas oublié... bien que nous nous soyons un peu perdus de vue... d'ailleurs les héritiers ne sont pas nombreux... Nous avons pour concurrens... d'abord, son neveu... Gustave Blainville, jeune homme fort léger, fort dépensier, et qui ne sympathisait pas du tout avec son oncle...

DURAND. C'est égal... c'est un neveu...

BEAUREGARD. Sans doute, il aura quelque chose, mais je suis certain que sa part ne sera pas formidable.

DURAND, *se frottant les mains.* Vous croyez ?

BEAUREGARD. Nous avons ensuite sa petite nièce Adèle... oh ! pour celle-là, c'est la plus à craindre.

DURAND. Mais vous n'ignorez pas que le père d'Adèle s'était récemment brouillé avec feu Blainville ?

BEAUREGARD. Si fait... et il se pourrait bien en effet...

DURAND, *se frottant les mains.* N'est-ce pas ?.. il se pourrait bien...

BEAUREGARD. C'était un homme si original, si fantasque, que notre cher parent !.. tantôt vous faisant bon accueil... tantôt raide et glacial... Venait-on souvent le voir, il semblait vous dire : C'est à ma fortune que vous rendez visite.... ne venait-on pas, il s'en offensait et vous reprochait votre indifférence... Un parent riche est une chose fort embarrassante.

DURAND. Sans doute... Ah çà !.. et nos autres concurrens ?

BEAUREGARD. Oh ! ceux-là ne sont pas redoutables... nous avons les cousins Didier... et Gervais... une vieille parente encore... mais Blainville faisait peu de cas de ces bonnes gens, et ils ne feront pas un grand trou à l'héritage.

DURAND, *joyeux.* Vous croyez !.. (*Il tire sa montre.*) Encore quarante minutes... et notre sort sera décidé...

BEAUREGARD. Pourvu que le notaire ne se fasse point attendre... mais ne pourrions-nous pas prendre quelque chose avant son arrivée ?.. ce diable de coucou m'a secoué l'estomac...

DURAND. J'ai aussi fort peu déjeuné pour arriver plus vite... et je ne serais pas fâché...

BEAUREGARD. Si nous demandions un petit verre de Madère ?.. je sais que le défunt en avait d'excellent dans sa cave.... voyons... (*Il va vers la fenêtre de gauche et regarde au dehors.*) Ah ! justement voilà Bruno... Bonjour, Bruno .. ça va bien ? merci... Dites-moi, mon ami, faites-moi le plaisir de nous envoyer quelques biscuits, et un petit verre de Madère... Oui, très-bien... il a compris.

DURAND. Quel est ce Bruno ?

BEAUREGARD. C'est le gardien des scellés... c'était le premier ouvrier de la filature de Blainville... un honnête garçon... très-considéré par notre parent... et, tenez, il en sait peut-être plus long que nous sur les dispositions testamentaires du défunt à notre égard... Mais le voici !

<hr>

SCÈNE II.

DURAND, BRUNO, BEAUREGARD.

BRUNO, *apportant sur un plateau du vin de madère et des biscuits ; il les place sur la table à gauche.* Voilà, messieurs, ce que vous avez demandé.

BEAUREGARD. Merci, mon ami, merci.

*Ils boivent et mangent *.*

BRUNO. En v'là des goulus !... ils ne se font pas prier, à la bonne heure !

BEAUREGARD. Eh bien ! Bruno, vos fonctions cessent donc aujourd'hui ?

BRUNO. Grâce à Dieu !... j'en ai assez des scellés.

DURAND, *qui trempe un biscuit dans un verre.* Comment donc !.. mais c'est productif d'être gardien des scellés **.

BRUNO. Ça rapporte... c'est possible... mais on a l'air d'un immobile, d'un propre à rien... et j'aime pas ça... Si j'ai accepté, c'est parce que c'était une preuve de confiance à laquelle que j'ai dû répondre... et puis parce qu'il m'a semblé que c'était donner à la mémoire de M. Blainville..... mon ex-patron... une dernière marque d'attachement, en me séparant le dernier de tout ce qui lui appartenait.

BEAUREGARD. Oh ! bien... très-bien.... mon cher Bruno.

DURAND, *qui mange toujours.* Admirable !

BEAUREGARD. Notre cousin avait raison de vous aimer... aussi il vous le prouvait bien en vous abandonnant les rênes de sa fabrique... ce n'était pas une petite affaire !.. un établissement de cette valeur-là... Dites-moi, qu'est-ce que vous estimez bien sa manufacture ?

DURAND, *qui a été vivement reporter son verre.* Oui, est-ce bien considérable ?

BRUNO. La manufacture... oh ! ça pèse gros !

DURAND *et* BEAUREGARD. Bah !

BRUNO. C'est une affaire d'une valeur... (*Il cherche.*) Bah ! ça va plus loin que ça... la manufacture...

DURAND *et* BEAUREGARD. Vraiment !

BRUNO. Ça peut se classer dans le prix de... après ça, je peux me tromper... (*A part.*) S'ils s'imaginent que je vas leur dire quéque chose...

DURAND. C'est un peu vague ce qu'il nous dit là.

BEAUREGARD. Si jamais ça me tombait sous la main, je sais bien, mon cher Bruno, qui je mettrais à la tête de tout ça... c'est vous !

BRUNO. Merci de l'honneur... mais foi de Bruno, vous auriez pas tort, parce que je connais la chose au fin fond, et que dans vos mains ça boiterait.

DURAND, *qui a été se reverser un verre.* Moi, ce que j'aimerais, ce seraient les terres .. le parc...

Il boit.

BRUNO, *riant.* Vous aimez pas mal aussi le Madère, hein?...

DURAND, *avalant.* C'est stomachique.

BEAUREGARD, *à Bruno.* Peut-être recauserons-nous de cela... vous êtes un brave garçon... nous nous entendrons... mais il faut pour cela...

BRUNO. Que vous héritiez de la manufacture...

DURAND. Dam... ça n'a rien d'impossible.

BEAUREGARD. L'espérance nourrit l'homme.

BRUNO. Et c'est facile à digérer.

BEAUREGARD. Et vous ne vous doutez pas quels seront les heureux propriétaires de tout cela?

DURAND. Blainville a dû vous confier...

BRUNO. Le patron !... par exemple !... est-ce qu'il se confiait à quelqu'un ?... d'ailleurs c'était pas mon affaire.

BEAUREGARD*, *à part.* Je ne saurai rien !

DURAND, *qui a tiré sa montre.* Plus qu'une demi-heure !

BEAUREGARD, *à Durand.* En attendant le moment décisif... si nous faisions un tour de jardin?

BRUNO. C'est ça... vous y trouverez de la famille qui attend comme vous.

BEAUREGARD. Au revoir, Bruno.

AIR du *Portrait du diable.*

ENSEMBLE.

Au jardin { courons / courez } vite

Retrouver { nos / vos } parens;

{ Allons / Allez } faire visite

A tous { nos / vos } concurrens.

(*Bis.*)

SCENE III.

BRUNO, *puis* COUTURIER.

BRUNO. J'espère bien que la manufacture ne tombera pas dans les mains de deux vieux casse-noisettes comme ça... Sont-ils inquiets !.. se tourmentent-ils !.. quant à moi, je ne suis pas fâché que ça se termine aujourd'hui.

COUTURIER, *entrant en chantant.*

Qu'a filé bonnet et bas (*bis.*)
Devant l'ennemi n'fil'ra pas !

BRUNO. Salut au fileur modèle !

COUTURIER. Comme tu dis.

---

* Durand, Beauregard, Bruno.
** Durand, Bruno, Beauregard.

* Durand, Beauregard, Bruno.
** Couturier, Bruno.

AIR *de Monpou.*

PREMIER COUPLET.

Vive le vrai fileur !
Aimable bambocheur,
Il a le p'tit mot pour rire!
On l'voit toujours sourire,
Dieu ! quel noceur !
Faut voir, vraiment,
Comment
Il fil' le sentiment.
Toute la s'maine on file...
Le dimanche l'argent file...
L' lundi,
Merci !

Partez , muscade !.. évaporées les pièces blanches, plus l'sou... mais des souvenirs pleins de *volupeté!*

Métier charmant (*ter*) c'est ca d' la chance !
On coul' des jours pleins de fiction
Dans du coton.
Filons (*ter*) douce existence !
Au fileur
Le bonheur !

DEUXIÈME COUPLET.

C'est l'premier des états...
Tout l'mond' file ici-bas,
Oui, chacun fil' sa trame...
Le mari d'vant sa femme
Ne fil' t'y pas ,
Quoique peureux?
Joyeux,
Le marin fil' ses nœuds ;
L'auteur file une scène,
L'amant fil' sous sa chaîne
Jours
Pleins d'amours.

Filage général, quoi !... Le joueur file la carte... la blanchisseuse file une amourette ; le chanteur file des sons... le poltron file doux... enfin le monde n'est qu'une grande filature !

Métier charmant, etc.

Bruno, je vien-t-à toi, joyeux et flambard, te faire au nom des amis une proposition volupetueuse.

BRUNO. Qu'est-ce que tu veux dire?

COUTURIER. Bruno, pour peu que tu possèdes un Mathieu Laensberg, tu y découvriras que c'est aujourd'hui le jour du lundi... Le lundi !... jour de mystère et de bamboches ; le lundi !... qui fait la barbe à toute la semaine... Dieu s'est reposé le dimanche, c'est bien le moins que nous prenions un jour de plus, nous autres pauvres mortels... C'est mon opinion.

BRUNO. Où veux-tu en venir avec ton opinion?

COUTURIER. Je veux en venir que nous sommes là quinze fileurs, que nous allons manger une matelote dans l'île Saint-Denis, qu'il manque quelqu'un à la noce, que ce quelqu'un c'est toi, Bruno, toi l'ami de mon cœur, que je viens pour t'entraîner au bonheur... Filons!

BRUNO. Minute, merci, je peux pas.

COUTURIER. Oh ! pas de refus négatif... Bruno, pas de bêtise... il est temps que tu te refasses un peu le caractère. Depuis que tu es de planton ici, tu deviens un vrai hibou, toi le rossignol de la fabrique... il est temps d'en finir. Nous boirons d'un petit vin qui fait pleurer, ça te rendra ta gaîté... on rira, on s'amusera, on se déchirera ses chapeaux... toutes les jouissances, quoi !... Allons, Bruno, filons!

BRUNO. Pas encore aujourd'hui... demain, je ne dis pas...

COUTURIER, *avec explosion.* Par exemple !...

BRUNO, *l'interrompant.* Couturier, tu sais que je ne suis pas dans les boudeurs... nous nous sommes vus au feu, mon vieux... quand j'y suis, j'y suis... mais quand j'y suis pas...

COUTURIER. Mais la raison ?... car enfin t'a une raison du bon Dieu à donner.

BRUNO. Ecoute-moi : quand feu M. Blainville est mort, vous avez tous pleuré, n'est-ce pas?

COUTURIER. Oui, et de bon cœur, parce que...

BRUNO. Parce que c'était un maître première qualité... parce que des maîtres comme ça, on n'en trouve plus, le moule est cassé. Aussi, vois-tu, je m'ai imposé jusqu'à ce jour de ne point me livrer aux ribottes; je devais ça au souvenir du patron, et il m'a semblé par là que c'était lui dire : Maître, Bruno, votre premier ouvrier ne s'est pas grisé depuis six semaines, parce qu'il a du chagrin... parce qu'il vous regrette...

AIR : *Connaissez mieux le grand Eugène.*

Chez lui, tu l' sais, sans chagrins, sans souffrances,
Nous supportions les peines du métier ;
A nos regrets il a des droits, je pense,
Car celui-là comprenait l'ouvrier.
En respectant sa mémoire chérie,
Je m'dis : Qui sait ! au patron qui va v'nir,
Peut-être bien ça donnera l'envie
De s' faire aussi respecter et chérir. (*Bis.*)

Aussi, ce soir, j'aurai acquitté ma dette... Ils sont là un tas de goulus qui viennent se partager les biens du défunt... je vas rendre mes comptes, après quoi, je redeviens Bruno, le plus chaud des fileurs, Bruno, l'enfant de la bamboche, rude au travail, mais toujours en tête de la bande joyeuse, quand il s'agit de boire, de rire et de folâtrer!

COUTURIER. A la bonne heure, v'là que tu retrouves ton chemin. Mais dis donc...

une idée qui me pousse... si c'était fini à temps...

BRUNO. Oh! alors je ne dis pas...

COUTURIER. Boh... j'aurai soin de m'en informer, et je reviendrai te prendre sur le coup de deux heures... Ça va-t-il?

BRUNO, *lui frappant dans la main.* Ça va... si j'ai remis les clefs au propriétaire... 'e suis à vous.

COUTURIER. Ah çà!... 'ous qu'ils sont donc, tous ces mangeurs d'héritage?

BRUNO, *allant à la fenêtre.* Dans le jardin... tiens, en voilà quelques-uns...

COUTURIER *. C'est ça les héritiers présomptueux! ah! ces vieux meubles!... ah! ces médailles! Tiens, je ne me trompe pas, c'est mamselle Adèle Blainville que je vois là-bas.

BRUNO. Mamselle Adèle... elle est arrivée!... oui... c'est bien elle... Est-elle gentille... hein?... ah! si aussi bien elle n'était qu'une fileuse de coton... je... tâcherais joliment... mais c'est point une fileuse...

COUTURIER. Elle cause fameusement avec son cousin Gustave... le neveu du patron...

BRUNO. Il ne me revient pas le neveu... mais quant à mamselle Adèle... je lui souhaite une bonne grosse part à celle-là... car elle le mérite, elle n'est pas riche... avec son pauvre père qu'est toujours malade... ça leur ferait du bien... un vieux militaire couvert de blessures, avec une demi-solde... et vivre deux là-dessus...

COUTURIER. C'est maigrelet... avec ça que mamselle Adèle n'a pas été élevée au travail... elle n'a que des talens qui ne rapportent rien.

BRUNO. Te rappelles-tu quel brave homme que son père... quand il n'était pas brouillé avec M. Blainville, et qu'il nous racontait ses campagnes... il a perdu une jambe à ce jeu-là... Ah! tout ce que j'espère, c'est qu'au lit de mort, le défunt ne lui aura pas gardé rancune, et qu'au moins lui et sa fille auront du pain assuré!

COUTURIER. Parbleu, dans un gros héritage comme celui-là... chacun aura sa part... Mais dis donc, Bruno, sais-tu que le patron pourrait bien t'avoir aussi laissé quéqu' chose à toi.

BRUNO. A moi... c'te bêtise!

COUTURIER. Dam, t'avais sa confiance, et puis, lors de l'incendie de la fabrique, si tout a été sauvé, c'est grâce à toi, y a pas à dire... tu t'es furieusement exposé...

BRUNO. Hé ben?

COUTURIER. Hé ben, je dis qu'il n'y aurait pas tant à crier si t'étais couché sur son papier... C'est ça qui serait joliment fameux s'il t'avait laissé cent écus de rente, hein?... tu pourrais-t-être un jour député, excusez... ou jury... tu jugerais à huis clos... bonheur et mystère!... Qui sait, les cascades de la vie sont si bizarres!

BRUNO. Allons donc, farceur, finis tes bêtises... v'là du monde...

COUTURIER. Du monde, je m'envas...

BRUNO. Attends... je pars avec toi... je vas chercher mes clefs...

SCENE IV.

COUTURIER, BRUNO, ADÈLE, GUSTAVE.

Adèle doit être en demi-deuil.

GUSTAVE, *qui donne le bras à Adèle.* Entrez donc... ma chère cousine... entrez donc...

ADÈLE, *quittant le bras de Gustave.* Pardon... mon cousin... Ah! c'est vous, Bruno...

BRUNO, *saluant.* Oui, mamselle... bien aise de vous voir... toujours fraîche et bien portante...

GUSTAVE. Ce cher Bruno... la perle des hommes de confiance...

BRUNO. C'est trop d'honneur monsieur Gustave...

COUTURIER, *à Adèle.* Et peut-on savoir, sans vous commander, mamselle, comment que se porte monsieur votre père?

BRUNO. Oui, ce brave capitaine...

ADÈLE. Mieux, mes amis... il aurait pu même supporter ce petit voyage; mais...

BRUNO. Oui... oui... je conçois... les souvenirs... Tenez, mamselle, si j'ai un reproche à adresser à la mémoire de mon patron... c'est l'abandon où il a laissé son frère... votre brave père... enfin... et cela pour quelques misérables querelles... mais j'espère bien qu'il aura réparé ses torts...

GUSTAVE, *avec curiosité.* Comment cela?...

BRUNO. Oh! je m'entends... mais le devoir m'appelle... au revoir, mamselle... et pour tout-à-l'heure (*plus bas*) bonne chance...

ADÈLE. Merci, mon bon Bruno.

BRUNO, *à part.* Son bon Bruno!... qu'elle est donc aimable et gracieuse...

COUTURIER, *à Bruno.* Dis donc, je t'attends un pied en l'air.

BRUNO. Je te suis... Au revoir, mamselle Adèle... Ah! si c'était une fileuse!... Filons.

Ils sortent.

* Bruno, Couturier.

SCENE V.

ADÈLE, GUSTAVE.

GUSTAVE. Qu'avez-vous donc, chère cousine? vous paraissez contrariée....

ADÈLE. C'est que je pense à la conversation de nos chers parens... ils me faisaient mal... c'est ce qui m'a fait quitter le jardin : leurs calculs, l'estimation qu'ils font froidement de tout, les espérances qu'ils expriment hautement...

GUSTAVE. Que voulez-vous?... la lecture d'un testament! ce n'est pas une petite affaire... Convenez, belle cousine, qu'aux premières paroles du notaire vous ne pourrez vous défendre vous-même d'un petit tremblement...

ADÈLE. Sans doute, car je penserai à mon père.

GUSTAVE, à part. Et moi à mes fournisseurs.... dans un moment, la petite cousine sera peut-être un très-riche parti! (Haut.) Et, là, franchement, chère cousine, n'avez-vous jamais eu connaissance des intentions de notre oncle?...

ADÈLE, souriant. Non, mon cousin...

GUSTAVE, à part. Elle a souri !... elle en sait plus qu'elle n'en veut dire... et sa part sera grosse... j'en suis sûr... (Haut.) Cette chère cousine, qu'il y a long-temps que nous ne nous étions rencontrés!...

ADÈLE. C'est tout simple, mon cousin, vous vivez dans le grand monde, et la position de mon père ne nous permet plus d'y aller...

GUSTAVE. Et pourtant, ma cousine, votre place est là. Une femme aimable et jolie est un effet qui appartient à la société; sa destination est d'y circuler pour le bonheur de tous.

ADÈLE. En vérité, mon cousin, vous êtes encore plus galant que l'an dernier.

GUSTAVE. C'est que vous êtes encore plus jolie. (A part.) Une héritière, ça embellit si vite...

ADÈLE, souriant. Vous dites cela à bien des femmes, n'est-ce pas?

GUSTAVE, avec emphase. Non, ma cousine... car le bonheur... ce qui s'appelle le vrai bonheur... n'est pas de plaire à toutes, mais à une seule... Ah! je suis bien changé, allez... et ce monde dont vous parliez tout-à-l'heure, a pour moi bien moins d'attraits que vous ne pensez...

ADÈLE. Parlez-vous sérieusement?

GUSTAVE, de même. Rien n'est plus sérieux... ô ma cousine! je cherche une âme qui comprenne la mienne... Enfin...

je voudrais dire adieu à cette existence monotone de garçon, je voudrais me marier !

ADÈLE. Vous marier! (A part.) Décidément mon cousin croit que j'hériterai... (Haut.) Eh bien, mon cousin, il faut suivre ce penchant...

GUSTAVE. Oh! cela n'est pas si facile que vous croyez... car ce n'est pas une femme ordinaire que je désire...

ADÈLE. Vous êtes peut-être trop exigeant aussi?...

GUSTAVE. Jugez-en.

AIR de la Vieille (vaudeville des Deux Divorces.)

> Je veux pour femme une personne
> Aimable et tendre... ainsi que vous ;
> Ainsi que vous, charmante et bonne;
> D'un caractère égal et doux,
> Dont tout le cœur à moi se donne;
> Qui me rende fier et jaloux...
> Une femme enfin comme vous.

ADÈLE.

> A ce portrait je n'ai rien de semblable ;
> Mon cher cousin, vous êtes trop galant.
> De mes vertus, dont le nombre est moins grand,
> Si vous voulez le chiffre véritable...

GUSTAVE, parlant. Certainement, chère cousine...

Continuant l'air.

> Où donc est-il ?

ADÈLE.

> Au bas du testament.
> Qu'on nous lira dans un moment...
> Pour m'adorer, attendez un instant,
> Qu'on vous ait lu le testament.

GUSTAVE. Ah! ma cousine... vous pourriez croire !...

ADÈLE, riant. Tenez, mon cousin... attendez quelques minutes encore..... du moins, vous serez aimable avec connaissance de cause.

GUSTAVE. Par exemple!.. (A part.) Au fait, elle a raison... je crois que je me lançais trop... (Haut.) Toute la famille arrive ici... voilà le grand moment!

SCENE VI.

LES MÊMES, BRUNO, BEAUREGARD, DURAND, UN NOTAIRE, PARENS*.

AIR de M. Pilati (Final du premier acte de la Savonnette Impériale.)

CHOEUR.

> Allons, amis, courage,
> Le moment est venu!
> Par qui cet héritage
> Va-t-il être obtenu? (Bis.)

* Beauregard, Gustave. Durand, un notaire, Adèle, Bruno.

BRUNO, *bas à Adèle.*
Puissiez-vous de cette fortune
Emporter la plus grosse part !..
GUSTAVE.
Notre impatience est commune.
LE NOTAIRE.
Allons ! procédons sans retard !
BEAUREGARD.
Malgré moi je tremble...
GUSTAVE.
Allons... mais il semble
Que tous ici nous avons peur...
TOUS, *à part.*
Ah ! je sens battre mon cœur...
REPRISE.
Allons, amis, courage !
Le moment est venu !
Par qui cet héritage
Va-t-il être obtenu !

Gustave prend la main d'Adèle. Tout le monde entre au fond, dans le petit salon vitré. On les voit tous s'asseoir et se ranger autour du notaire.

SCENE VII.

BRUNO *sur le devant, toute la famille au fond.*

La musique continue piano pendant ces mots de Bruno.

Enfin on va donc l'ouvrir, ce fameux testament !... Ont-ils tous des mines cocasses !.. doivent-ils être dans leurs petits souliers !.. Oh !... v'là le notaire qui se lève.

AIR : *Hé ! tapez, tapez, tapez donc.*
Chacun s'agite sur sa chaise,
De frayeur tout l'monde est saisi.
Oh ! comme ils sont mal à leur aise !...
C'est drôl', ça m'fait d'l'effet aussi ;
Ça n'me r'garde pas, Dieu merci !
Tous les yeux sont sur le notaire,
Il ouvre l'acte mortuaire.
Quel moment ! chacun tremble et pâlit.
Chut ! écoutons bien le notaire.
Quel moment ! chacun tremble et pâlit.
Ecoutons, v'là l'notaire qui lit...

LE NOTAIRE. An dix-huit cent vingt-sept, ce vingt-quatre janvier, en état de raison et sans réserve aucune, je prends pour héritier et légataire universel mon premier ouvrier, Jean-Nicolas Bruno.

TOUS. Bruno !...

BRUNO. Bruno !... moi !... Bruno !...

Il se tâte comme pour voir s'il ne rêve pas et reste attéré. Le chœur rentre en scène.

AIR *de Guénée.*
CHOEUR.
Sort affreux ! sort contraire !
Ah ! qui pouvait prévoir que jamais
Il enrichirait un mercenaire,
Et nous priverait tous, hélas ! de ses bienfaits.

Les parens sortent furieux par la droite et par la gauche, à l'exception de Beauregard qui va s'asseoir à gauche et de Gustave qui en fait autant à droite.

BRUNO, *au notaire.* Ça serait donc vrai !..

A moi !... à moi tout, monsieur le notaire ?... à moi la chose universelle !... oh ! mais c'est trop !... j'en ai trop... c'est des bêtises !...

Bruno s'entretient à voix basse avec le notaire, qui lui remet quelques papiers. Ce colloque a lieu au fond dans le petit salon.

GUSTAVE, *à part.* Allons... je ferai mieux d'en prendre mon parti !...

BEAUREGARD, *de même, de l'autre côté.* Tout bien réfléchi, un procès ne mènerait à rien...

GUSTAVE, *de même.* Ce garçon-là a besoin d'un guide, d'un homme qui le débarbouille, qui le façonne aux belles manières...

BEAUREGARD, *de même.* S'il voulait m'avancer de l'argent pour mes entreprises...

GUSTAVE, *de même.* Je pourrais retirer mon épingle du jeu...

BEAUREGARD. L'or est bon à manier...

Le notaire sort.

BRUNO, *rentrant en scène*.* Quel bonheur !... tiens ! en v'là encore deux !... Ont-ils des mines longues !.. c'est risible, foi d'héritier !

GUSTAVE, *se levant.* Je viens vous rassurer, mon cher Bruno, sur les criailleries de vos parens...ils veulent vous faire un procès.

BRUNO. Un procès !...

GUSTAVE. Mais vous n'avez rien à craindre.

BRUNO. Ah ! n'est-ce pas ?...

BEAUREGARD, *qui s'est levé aussi.* Rien du tout, le testament est fait en bonnes formes.

BRUNO. J'en étais ben sûr...

GUSTAVE. Vous êtes un brave garçon, touchez là, je ne vous en veux pas...

BRUNO, *lui serrant la main,* Volontiers...

BEAUREGARD, *lui tapant sur l'épaule.* Autant que ce soit vous qu'un autre...

BRUNO. C'est trop d'honneur...allons... c'est bien à vous de ne pas être jaloux... Et tenez, si vous n'êtes pas fiers... faudra venir m'aider à vider la cave... Ça va-t-il ?...

GUSTAVE. Très-volontiers...

BEAUREGARD. Avec grand plaisir !...

GUSTAVE, *à part, à Bruno.* D'autant plus que j'ai à causer avec vous, des conseils d'ami... à vous donner...

BRUNO. Ah !...

BEAUREGARD, *même jeu.* J'ai une proposition à vous faire... afin de ne pas laisser dormir vos capitaux...

BRUNO. Bon... nous verrons...

---

* Beauregard, Bruno, Gustave.

GUSTAVE. Au revoir, mon cher Bruno...

BEAUREGARD. A bientôt... cher ami...

BRUNO. Et moi le vôtre... messieurs...

AIR : *Liberté chérie.*

GUSTAVE *et* BEAUREGARD.

ENSEMBLE.

A Bruno.

N'ayez pas de crainte,
Et restez en paix ;
Jamais, jamais
Pour vous de procès.
Jouissez sans contrainte,
Et comptez toujours,
Toujours, toujours
Sur notre secours.

*Ils sortent par la gauche ; Bruno les reconduit
poliment.*

SCENE VIII.

BRUNO, *puis* ADÈLE.

A la bonne heure... voilà deux braves hommes qui sont pas jaloux ; mais qu'est-ce qu'ils veulent me dire avec leurs airs de me parler en-dessous ?.. Ah ! tiens... qu'est-ce que ça me fait ! s'ils ont quelque chose à me demander, tant mieux... Oh ! ça me bourdonne dans la tête... j'aurais bu quinze petits verres que je s'rais pas plus étourdi... Dire que je suis chez moi !... que je marche sur ma propriété... à moi, ces meubles-là (*il s'assied sur les fauteuils*) avec les murs... avec le jardin et tout ce qu'il contient... le Madère... les petits verres... (*Il regarde par la fenêtre de gauche.*) Bon... v'là encore les autres qui se démanchent là-bas... se remuent-ils !.. se donnent-ils du mal ! Ah ! ah ! ah !.. enfoncés les héritiers !... enfoncés les parens... tous les parens... enfoncés !... (*En se retournant il aperçoit Adèle, qui entre par la droite.*) Oh !... (*Il s'arrête subitement.*) Mamselle Adèle !... moi qui n'y avais pas encore pensé...

ADÈLE. Ah !... c'est vous... monsieur Bruno !... vous le voyez... vos souhaits ne m'ont pas favorisée... et vous étiez loin de vous attendre... Mais il me tarde de retourner auprès de mon père... Adieu... Bruno...

Elle se dispose à sortir.

BRUNO, *vivement d'abord.* Pardon, mamselle Adèle... mais je voudrais bien vous dire...

ADÈLE, *s'arrêtant.* Qu'est-ce que c'est, Bruno ? Que désirez-vous ?...

BRUNO, *avec embarras.* Rien, mamselle ; c'est-à-dire... si, si... avant de vous laisser partir... il me semble que j'ai besoin de vous demander pardon du bonheur qui vient de m'arriver...

ADÈLE. Pardon, Bruno... et pourquoi ?

BRUNO. Pourquoi ?... vous me demandez pourquoi ?.. Ah ! tenez, mamselle Adèle... tout-à-l'heure je riais, je sautais de joie... j'me croyais plus heureux que tous les rois de la terre réunis en bloc... je voyais tout couleur d'or et de rubis... et maintenant que vous êtes là... je m'en veux d'avoir été aussi content que ça, en pensant à ce que mon bonheur a dû vous causer de peines et de chagrins.

ADÈLE. Vous vous trompez, mon ami.

BRUNO. Oh ! non... car vos yeux sont rouges... car vous avez pleuré... car vous avez pensé à votre père... et cette part d'héritage qui vous revenait, voyez-vous, elle vous sera rendue... je n'en veux pas... je n'en veux pas... oh ! mais non !

ADÈLE. Tout est à vous, Bruno : mon oncle a jugé convenable de disposer de sa fortune en votre faveur, et personne n'a le droit de changer rien à ses volontés.

BRUNO. Comment ça, changer rien... mais on ne peut pas me forcer à tout prendre. Je ne connais pas les lois ni les affaires ; mais croyez-vous que j'vas accepter un argent qui vous revenait si légitimement ?.. Croyez-vous, mamselle Adèle, que je consentirai à être riche... et vous, pas à vot' aise ?... Non. Oh ! voyez-vous, c'est une erreur de M. Blainville ; car il n'a pas pu oublier tout ce qu'il devait à vos bons soins, à votre tendresse... il aura fait ce papier-là dans un moment de fièvre... il n'avait pas sa tête à lui... c'est pas Dieu possible... vous reprendrez votre part, n'est-ce pas, mamselle Adèle ?.. vous la reprendrez ?...

ADÈLE, *attendrie.* Bruno, je vous savais un excellent homme ; mais je ne vous estimais pas encore tout ce que vous valez. Je vous remercie, mon ami, de votre délicatesse et de votre générosité. Je dois refuser vos offres ; mais je n'oublierai jamais votre conduite envers nous.

BRUNO. Vous refusez ! mais pourquoi ?.. j'ai donc offensé votre fierté ?... je ne sais pas bien, voyez-vous, tout ce qu'il faut dire pour vous convaincre ; je ne suis qu'un ouvrier, moi ; et me refuser, mamselle... c'est vouloir m'humilier.

ADÈLE. Vous humilier... oh ! Bruno, vous ne le pensez pas... après ce que vous faites, on doit vous estimer toujours... mais, croyez-moi... ce que vous proposez est impossible.

BRUNO. Impossible !...

ADÈLE. Il y a dans le monde des considérations qu'on doit respecter ; d'ailleurs vous connaissez mon père... sa fierté est honorable, et il s'offenserait qu'on lui offrit un argent dont la source lui rappellerait l'oubli et l'abandon de son frère...

BRUNO. Mais, mon Dieu, est-ce qu'il n'y a aucun moyen de vous rendre ça? n'importe comment... car garder l'argent qui vous appartient... fi donc!... ça me brûlerait les doigts...

ADÈLE. Il n'en est aucun, mon ami...

BRUNO. Aucun!... aucun!... oh!... si... oh! non... non... celui-là est impossible... (*A part.*) Et pourtant ils seront dans la misère si je les laisse ainsi ; au diable la timidité! (*Haut.*) Mamzelle Adèle, le chemin d'un honnête homme est le droit chemin... écoutez-moi donc... (*Vivement.*) Je connais votre position... vous êtes pauvres... oh! n'en rougissez pas... vous êtes pauvres d'argent... mais riches d'honneur, de talens, de vertus... vous aimez votre père... n'est-ce pas?... eh ben, il y aurait un moyen de lui rendre tout ce que cet injuste testament lui ravit... et ce moyen ça serait... (*S'arrêtant tout-à-coup.*) Oh! je n'oserai jamais...

ADÈLE. Parlez, Bruno, je ne vous comprends pas.

BRUNO. Mamzelle Adèle, j'ai vingt-six ans, j'ai rien à me reprocher... Pour ce qui est de l'instruction... rien de rien... je sais lire et écrire, voilà tout... si le reste peut s'apprendre... je l'apprendrai... je ferai tout ce que vous voudrez... je chérirai vot' père, j'vous aimerai comme c'est pas croyable... Mamzelle Adèle, voulez-vous de moi pour mari?.. Pardon de vous jeter ça à la tête comme ça... mais, je le réitère, le chemin d'un honnête homme est le droit chemin.

ADÈLE. Monsieur Bruno... une telle proposition et faite ainsi...

BRUNO. Oh! oui... c'est brusque... c'est comme un coup de sang... j'en conviens... mais quoique je sois ouvrier... quoique j'aie pas de gants blancs et de lorgnon... croyez ben, mamzelle, que je ne vous aurais jamais parlé comme ça sans les circonstances... il s'agit de votre père, de lui restituer son bien, et ça tout de suite... vous dites qu'il n'y a aucun moyen, je trouve celui-là... Eh ben, ne le repoussez pas... mamzelle... à moins que le remède ne soit pire que le mal.

ADÈLE. Je ne prétends pas dire cela.

BRUNO. Oh! je ne suis pas aveugle!... je ne vaux pas plus que tout-à-l'heure... tout-à-l'heure que je n'avais rien... aussi je ne vous demande que la permission de vous aimer... et à la longue... eh bien, vous verrez si je mérite qu'on m'aime un peu à mon tour... Mamzelle, avant tout... pensez à votre père... à votre vieux père.

AIR : *Oui, je promets d'agir en bon soldat.* (De Préville et Taconnet.)

Par ce moyen assurez son bonheur,
Plus tard, qui sait?... le mien viendra peut-être
Mais laissez-moi réparer une erreur,
Et que cet héritag' retourne à son vrai maître ;
Je serais riche!... et lui, souffrant et vieux,
Il serait pauvre!... oh! je veux tout lui rendre.
Pensez à lui, mamzell' ; pour être heureux,
Songez-y bien, il n'a pas l'temps d'attendre. (*Bis.*)

ADÈLE, *à part.* Il a raison... mon pauvre père !

BRUNO. Vous ne répondez rien, mamzelle Adèle?.. je sais bien que c'est embarrassant... mais je n'exige pas de vous une réponse décisive... ah! ne me repoussez pas tout-à-fait... un mot seulement, mamzelle, un tout petit mot d'espoir...

SCENE IX.

LES MÊMES, COUTURIER, *entrant vivement, sans voir Adèle*.*

COUTURIER. Bruno? Bruno?... Ah! te v'là!... ah çà, mon vieux, tout doit être terminé, et je viens te chercher... les amis nous attendent, la matelote refroidit... viens, Bruno, viens...

BRUNO. Merci... j'peux pas.

COUTURIER. Encore des façons et des balancemens! Bruno, c'est des petitesses, fais-y attention...

BRUNO. Tout ce que tu voudras, mais tais-toi.

COUTURIER. *apercevant Adèle.* Une femme du sexe... suffit!...

BRUNO, *à Adèle.* Mamzelle Adèle, j'attends vos ordres, dois-je rester Bruno l'ouvrier? dois-je espérer mieux?.. n'aurez-vous rien à me dire?

ADÈLE. Oh! si, Bruno... votre demande mérite une réponse.

BRUNO. Et cette réponse..... ô mon Dieu !

ADÈLE, *lui tendant la main.* Venez voir mon père.

BRUNO. Oh !

Il lui baise la main ; elle sort par la porte latérale de gauche ; Bruno la reconduit jusqu'à la porte.

SCENE X.

BRUNO, COUTURIER.

COUTURIER. Bon... j'y suis ; gageons

* Couturier Bruno, Adèle.

que je devine... tu es dessus la roue de la fortune... t'as hérité de tes cent écus de rente?

BRUNO, *enthousiasmé.* Cent écus de rente !... mieux que ça, Couturier... mieux que ça... c'est à moi tout !... j'ai de quoi exaucer tes vœux de toute nature... Couturier, je suis écrasé d'or, de bonheur et de billets de papier Joseph... je suis légataire universel, et elle m'a dit : Venez voir mon père...

COUTURIER. Plus que ça de gros sous ! toi ! légataire universel !...

BRUNO. De toute la généralité de la totalité ! rien que ça, et pas fier pour un sou de plus... Et je vas avec vous manger la matelote ! et c'est moi qui régale de tous les poissons de la surface des eaux... Légataire universel ! et demain j'irai voir son père... oh ! oh ! oh !

COUTURIER. Et demain il ira voir son père !... je ne sais pas pourquoi... mais c'est égal, ça doit être fameux !...

AIR : *des Délices de l'Italie.*

ENSEMBLE.

Pour charmer mes jours,
O fortune chérie !
Pour charmer mes jours
Tu viens à mon secours.
Le meilleur moyen,
Dans cette courte vie,
Pour ne craindre rien,
Oui... c'est d'avoir du bien !

BRUNO.

Vivent les écus !
Avec un pareil héritage
Je peux rouler en équipage,
Je peux rouler en omnibus !

COUTURIER.

Compt' sur l'amitié
Qui prendra part à ton ivresse,
Qui se réjouit de ta richesse,
Et qui t'en mang'ra la moitié !

REPRISE ENSEMBLE.

Pour charmer mes jours, etc.

Ils dansent.

FIN DU PREMIER ACTE.

<hr>

ACTE DEUXIEME.

Un riche salon. Canapé à gauche, premier plan. Au deuxième plan, une table ronde avec un cabaret de porcelaines élégant. A gauche, premier plan, une autre petite table. Second plan, une fenêtre.

SCENE PREMIERE.

BEAUREGARD, *à deux domestiques en grande livrée.*

Bien... ces fauteuils à l'entour... fort bien... vous servirez le café dès que je l'ordonnerai. Retournez à la salle à manger. (*Les domestiques sortent.*) Allons, allons... ce n'est pas aussi difficile que je le pensais... d'être le factotum d'une grande maison... la maison Bruno !.. Dame, c'est qu'il y avait à faire... En voilà un mariage qui a été bien vite bâclé... Au fait, que devait répondre madame quand M. Bruno lui a dit : « Mademoiselle Adèle, on » vous a déshéritée, mais ce qu'on a fait » là est injuste ; votre père, dites-vous, ne » voudra pas consentir à reprendre son » bien, il faut l'y forcer ; acceptez ma » main, et tout s'arrange. » C'était joli ! c'était délicat ! aussi a-t-on accepté la main de l'ouvrier fileur... Quant à moi : « Mon » cher Beauregard, m'a-t-il dit, quand » vous espériez hériter de la fabrique de » Saint-Ouen, vous vouliez me mettre à » la tête de vos ouvriers... je vous mets à » la tête de ma maison... six mille francs » d'appointemens, et pas grand' chose à » faire, ça vous va-t-il ? » Six mille francs, la table et le logement... c'était joli ! c'était délicat... aussi ai-je accepté la place ; et depuis six mois je dirige la maison à la satisfaction générale... Mme Bruno s'est bientôt mise au niveau de sa fortune... elle a été élevée pour cela... mais monsieur, lui, c'est différent, il y a encore diablement à faire !... c'est tout naturel : de simple ouvrier devenir tout-à-coup millionnaire ! avoir laquais, chevaux, voitures, donner des dîners, des soirées !... Ce pauvre Bruno, on rit passablement de sa tournure et de ses manières !... moi, je ne dois rien voir de tout cela, car, grâce à ses générosités, je pourrai bientôt n'avoir plus à regretter le testament de cet ingrat Blainville... mais voilà monsieur !

<hr>

SCENE II.

BRUNO, BEAUREGARD, *puis* ADÈLE

Bruno entre vivement ; il paraît contrarié ; il est mis avec recherche, une serviette pend à sa boutonnière.

BRUNO, *sans voir Beauregard.* Que le diable soit du bon genre !...

Il jette sa serviette avec humeur sur un fauteuil.

BEAUREGARD. Eh! mon Dieu! quel air contrarié!...

BRUNO. J'ai beau faire attention... Ah! c'est vous, monsieur Beauregard?

BEAUREGARD. Oui, monsieur... je viens de faire dresser ici le cabaret pour prendre le café.

BRUNO. C'est bien, laissez-moi.

BEAUREGARD. Je retourne à la salle à manger... mais voici madame!...

Il sort.

BRUNO. Ma femme!

ADÈLE*. Eh bien! mon ami, pourquoi cette brusque sortie? pourquoi vous êtes-vous ainsi levé de table?

BRUNO, *embarrassé*. Pour rien, ma chère amie, rien... j'avais assez mangé.

ADÈLE. Vous savez pourtant que cela ne se fait pas, vous qui profitez si bien de mes leçons.

BRUNO. Je profite, moi?... Vous me dites cela, Adèle, parce que vous êtes bonne, indulgente... mais, voyez-vous, je ne suis pas dupe de votre bonté; et je sens bien que j'ai beau vouloir me façonner aux belles manières... ça ne vient pas.

ADÈLE. Vous parviendrez à atteindre votre but, mon ami, et cela sans vous en douter.

BRUNO, *d'un air de doute*. Oh!

ADÈLE. Déjà vous n'êtes plus reconnaissable, et il vous manque si peu de chose maintenant, qu'il serait mal à vous de ne pas achever la métamorphose.

BRUNO. Vous avez beau dire, je ne serai jamais autre chose qu'un ouvrier parvenu, parce que vos usages, à vous, ça se rattache à tant de petites choses, tant de menuiseries...

ADÈLE, *souriant*. Minuties...

BRUNO. Ah! oui, minuties... Encore un mot que j'écorche... malgré les leçons que vous me donnez.

ADÈLE. Mais, mon ami, tout cela viendra petit à petit.

BRUNO. Vous croyez?... bien vrai?

ADÈLE. Sans doute.

AIR : *Ces postillons.*

Oui, tout se peut, mais avec du courage,
A bien vouloir lorsque l'on se résout;
Rien ne s'obtient sans un apprentissage.
D'être parfait, oui, vous viendrez à bout,
Mais vous savez qu'il faut le temps à tout.
Rien ne se fait, mon ami, dans une heure.

BRUNO.

Vous perdriez en faisant ce défi;
Pour vous aimer, vous trouver la meilleure,
Un' minut' m'a suffi,
Un' second' m'a suffi.

* Bruno, Adèle.

ADÈLE. Comment donc, monsieur! mais voilà un compliment du meilleur goût, et qui prouve vos progrès.

BRUNO. Le beau mérite, quand on vous parle!... Mais dites-moi, ma bonne Adèle, j'ai donc fait bien des maladresses pendant le dîner?... Oh! je m'en suis aperçu aux nombreux sourires de la société..... Par exemple, je ne comprends pas pourquoi le cousin Gustave a commencé à rire lorsque j'ai versé à boire... j'ai pourtant versé des verres pleins jusqu'au bord.

ADÈLE. Mais c'est précisément ce que vous avez fait de mal, mon ami.... On ne verse jamais à une dame que très-peu de vin à la fois.

BRUNO. Elles boivent pourtant bien, vos petites dames... c'était pour leur éviter la peine d'y revenir plus souvent. Enfin vous dites que c'est mal, ça suffit; mais quand je me suis levé pour donner une assiette à ma voisine.

ADÈLE. Vous avez encore eu tort; c'est l'affaire du domestique.

BRUNO. C'était donc plus poli de faire attendre que Pierre fût revenu de l'office? C'est différent.

ADÈLE, *avec douceur*. Il y a mille petits riens, mon bon Bruno, qui au premier abord paraissent tout simples, tout naturels, et qui sont pourtant autant de contresens qu'il faut savoir éviter dans le monde. Sans doute c'est une niaiserie de couper ou de briser son pain, mais...

BRUNO. Oh! c'est vrai, j'ai oublié de le casser.

ADÈLE. Et puis relever vos manches en vous mettant à table.

BRUNO, *abaissant vivement ses manches*. Ah! saperlotte, encore mes manches en l'air... J'oublie que j'ai les moyens de me tacher... à l'avenir je me tacherai. C'est donc pour ça que vous aviez la bonté de me faire des petits signes que je ne pouvais pas comprendre?

ADÈLE. Oui, mon ami, c'était pour cela.

BRUNO. Je suis brute, brute... et vous êtes trop bonne, mille fois trop bonne, ma chère Adèle... Je me fais une idée de ce que vous devez souffrir en me voyant faire tant de balourdises. Aussi ça me peine... ça me...

ADÈLE. Eh bien! eh bien!.... voulez-vous vous taire... et ne pas vous contrarier pour si peu de chose!... Mais, mon ami, mille autres à votre place seraient bien plus empruntés, bien plus gauches.

BRUNO. Vous me flattez.

ADÈLE. Non, monsieur.... et d'ailleurs,

pourvu que je sois contente de vous, moi, ça ne suffit-il pas?

BRUNO. Si ça me suffit? Oh ! oui, que ça me suffit, du moment que vous êtes contente, Adèle; mais c'est-à-dire que je me crois superbe et charmant... et que je me moque des ricanemens du cousin Gustave et des chuchotemens de vos petites dames musquées, qui, du reste, me font ben rire aussi avec leurs grimaces et leurs prétentions... Tous ces gens-là crèvent de jalousie, les hommes de ce que vous êtes ma femme, les femmes de ce que vous êtes plus jolie et plus aimables qu'elles toutes.

AIR : *Homme obligeant.*

Ai-je besoin d'bell's manièr's et d'usage?
Vous en avez plus qu'il n'en faut pour deux;
De ne pouvoir vous critiquer, je gage,
Tout's vos bell's dam's pestent à qui mieux mieux;
Mais c'est en vain que chacun' se démanche,
N'y a rien à dire, ça les fait enrager,
Et je comprends que pour se soulager
Ell's prennent sur moi leur revanche.

ADÈLE. Vous les jugez trop sévèrement, mon ami. Mais notre absence a dû être remarquée, rentrons.

BRUNO. Rentrons, puisqu'il le faut.

ADÈLE. Allons, restez ici si vous le préférez; et soyez sans crainte, je prétexterai pour vous une légère indisposition.

BRUNO. J'aime mieux ça.

ADÈLE. Le monde a cela de bon, que, s'il est facile de le choquer, il est plus facile encore de le satisfaire et de s'en débarrasser. Adieu.

Elle tend la main à Bruno, qui la baise avec amour.

SCÈNE III.

BRUNO, *seul.*

Quelle excellente petite femme ! se donne-t-elle un mal pour moi !.... Comment lui laisser deviner, après ça, qu'un autre genre de vie m'irait mieux?.... Oh ! non, faut pas qu'elle le sache... en l'épousant, ne lui ai-je pas promis de faire toutes ses volontés... de devenir un autre homme, de m'élever enfin à la hauteur de notre fortune?... Oui, j'ai promis tout ça, et ça sera. Oh ! ça ne laisse pas que d'être fatigant, de posséder une grosse fortune... Je ne serais jamais douté de ça quand j'étais tileur de coton... nous n'avions pas d'embarras quand nous allions savourer la fine matelote de l'île Saint-Denis, chez le père Bazajou... et que nous avions dix francs à manger entre cinq... C'est pas trop dix

francs à manger entre cinq quand on en boit la moitié... C'est égal, nous nous amusions..... Avec ce scélérat de Couturier en ai-je fait de ces farces !... Ce brave Couturier, quand je le revois, ça me fait un plaisir !... ça me retrempe !... Ça me ramémore tant de souvenirs !... (*On entend du bruit au dehors.*) Qu'est-ce que c'est que ça ?

SCÈNE IV.

BRUNO, COUTURIER ; DEUX DOMESTIQUES, *au fond.*

COUTURIER, *se débattant entre les deux domestiques.* Ah ça ! voulez-vous bien me laisser, vous autres?

UN DOMESTIQUE. Quand on vous dit que monsieur n'est pas visible !

BRUNO. Couturier !

COUTURIER, *apercevant Bruno.* Pas visible !... quand il me crève les yeux !

BRUNO, *aux domestiques.* Voulez-vous bien le laisser passer tout de suite !..... et souvenez-vous que monsieur peut entrer ici à toute heure du jour et de la nuit quelconque. Mon vieux Couturier !... Que ça ne vous arrive plus... ou je vous chasse. Maintenant faites-moi le plaisir d'aller bâiller dans l'antichambre.

Les domestiques saluent et sortent.

COUTURIER. A la bonne heure... v'là qu'est parlé !... C'est qu'il y a trois quarts d'heure au moins que je suis là à croquer le marmot; et moi qu'est patient comme un chat qui se brûle, ça me fourmillait d'impatience. Tes vilains lézards me répétaient toujours que tu te livrais au charme de la bonne chère, et qu'il fallait attendre.... C'est possible, que je me suis dit; mais comme mon ami Bruno mange depuis trois quarts d'heure, ça doit commencer à bien faire, et je veux entrer..... Làdessus ils s'y opposent... J'use alors d'un gracieux moulinet, qui vous en couche deux sur les banquettes: bonsoir, messieurs; j'te pousse les deux autres jusqu'ici, et me v'là. (*Lui prenant la main.*) Merci, ça va pas plus mal; toi aussi? Enchanté.

BRUNO, *lui serrant la main.* Ce cher Couturier !.... Eh bien ! tu me croiras si tu veux....., mais je pensais à toi dans la minute.

COUTURIER. Vrai? tant mieux ! ça prouve que les écus ne t'ont point flétri le caractère.... mais si j'ai un conseil à te donner, c'est de me congédier dard dard tous ces grands lévriers qui ricanent dans tes antichambres, et se permettent des facéties à l'égard de tes faits et gestes.

BRUNO. Comment?... que disaient-ils donc?

COUTURIER. Ce qu'ils disaient?.... Parlons d'autre chose, j'aime mieux ça. Comment que se porte madame Bruno. ton épouse? Très-bien, bravo! Et son brave père? très-bien aussi? Bravo encore! Ous-qu'il est, que je lui dise bonjour?

BRUNO, *riant*. Attends donc! tu vas, tu vas..... D'abord je croyais que tu savais que mon beau-père s'était retiré à Saint-Ouen...... dans notre maison de Saint-Ouen.

COUTURIER. Ah ha!... Eh ben! ça ne m'étonne pas : les salons dorés, ça ne pouvait pas lui aller long-temps, à lui, vieux soldat.

BRUNO. Ah! je l'aurais bien suivi, sans ma femme qui désirait que je restasse ici

COUTURIER. Que je restasse!... excusez, plus que ça de conversation!... Que je restasse!.. en v'là un mot moderne!

BRUNO, *riant*. Ah çà! ne vas-tu pas te moquer de moi?

COUTURIER. Non pas, non pas... je comprends que ta nouvelle position exige une nouvelle langue... il te faut une nouvelle langue. Fortune cossue, genre huppé, conversation idem... Et moi-même, je te prie de jeter un coup d'œil sur mon habit queue de rat mode de Longchamps... les cheveux frisés par Coutaut, le roi de la chevelure... genre suprême... On me croirait un argent de change... Et des sous-pieds... Et ce luxe effréné, à ton intention, à seule fin de n'être point déplacé dans tes salons et de pouvoir me présenter à tes soirées nocturnes; car, vois-tu, c'est pas parce que t'es devenu riche que je veux t'abandonner.

BRUNO. A la bonne heure, et j'espère bien qu'enfin tu consentiras à renoncer à la fabrique, et que tu accepteras de ton vieux camarade...

COUTURIER. De quoi? encore des offres d'argent!

BRUNO. Mais puisque j'en ai de trop, est-ce qu'il n'est pas juste que je t'en donne?... Couturier, es-tu mon ami, ou n'es-tu pas mon ami?

COUTURIER, *lui tapant dans la main*. C'est justement parce que je veux toujours l'être que je refuse tes écus, parce que je veux conserver le privilége de te dire la vérité. Quand nous sortons, tu as le droit de régaler et de payer à outrance; mais quant au reste, merci: j'ai des bras, je travaille, et je garde mon indépendance... j'ai besoin de mon indépendance!

BRUNO. Couturier, c'est mal à toi d'être

fier parce que tu n'as rien. (*Avec prière.*) Couturier, je t'en prie, mon vieux, accepte.

COUTURIER. En v'là assez! parlons d'autre chose. Je sais que tu as du monde à dîner aujourd'hui, et d'après ce que je vois, l'on n'a pas encore pris le café... je m'invite pour le moka, et tu vas remarquer avec quel genre coquet et muguet je vais me comporter devant ta société...

BRUNO, *avec crainte*. Prends-y garde... ça n'est pas facile... il faut diablement s'observer pour ne pas faire de boulettes...

COUTURIER. Bah! bah!... laisse donc faire... je ne suis pas plus conscrit qu'un autre.

AIR : *du Marchand de marrons.*

D'être homm' comme il faut,
Sois tranquill', j'connais la manière,
Je n' suis pas un sot,
Va, j'crains pas d'paraître nigaud;
J'suis gai comm' pinson,
J'ôt' mon habit à la barrière;
Mais, dans l'occasion,
J' sais prendr' le genre et le bon ton.

PREMIER COUPLET.

Dans tes beaux salons,
Si je voulais faire ma tête,
J'aurais des ép'rons,
Un gilet court et des ch'veux longs.
De tes merveilleux,
Oui, si je singeais la toilette,
Je serais, mon vieux,
Fadard et chouette aussi bien qu'eux.
D'être homm' comme il faut, etc.

DEUXIÈME COUPLET.

J'sais qu'il est d'bon goût
D'fair' d'l'embarras, du tintamarre,
De parler de tout,
Et de parler très-haut surtout.
Comme un mousse à bord,
J'sais qu'on doit fumer son cigarre...
Faut avoir encor,
Un'gross' cann' de tambour major.
D'être homm' comme il faut, etc.

TROISIÈME COUPLET.

J'oubliais, grands dieux!
Un'chos' furieus'ment nécessaire,
Le lorgnon précieux;
Ça gêne pour voir, mais c'est fameux!
Enfin, au total,
On est parfait pourvu qu'on s' serre
Le ventr' comme un ch'val
Qui va gagner le prix royal.
D'être homm' comme il faut, etc.

Justement la société se rend ici... Tiens, regarde bien la tournure... en v'là du moelleux!

BRUNO. *à part*. Pourvu qu'il n'aille pas dire quelque bêtise!

SCÈNE V.

BRUNO, COUTURIER, ADÈLE, GUS-
TAVE, BEAUREGARD *dans le fond,
faisant servir le café*, QUATRE INVITÉS,
DEUX DOMESTIQUES.

CHOEUR.

Air *de l'Ambassadrice.*

Mes amis, terminons ce beau jour;
Qu'un autre plaisir ait son tour.
On trouve en ce séjour
Excellente table
Où l'on parle et l'on rit sans détour.
Au milieu d'un repas joyeux,
Où l'esprit brille mieux,
Tout le monde est heureux.

GUSTAVE, *à part.* Impossible de lui dire
un seul mot en tête-à-tête... Si je pouvais
du moins lui glisser ce billet...

COUTURIER, *s'avançant vers Adèle.* Madame Bruno, votre dévoué... je vois avec
plaisir que la santé ne va pas trop mal..
(*Saluant tout le monde.*) La société, j'ai
bien l'honneur... (*Bas à Bruno.*) Hein, que
dis-tu du genre?

BRUNO, *bas, en tirant Couturier par son
habit.* Tu salues trop.

ADÈLE. Vous venez prendre le café avec
nous, monsieur Couturier... c'est bien aimable...

COUTURIER. Ça n'est point de refus.....
avec le petit verre, car le café et le petit
verre, c'est comme le cheval et le cabrio-
let... il faut que ça soit attelé ensemble.

BRUNO, *bas à Couturier.* C'est bien, en
v'là assez.

ADÈLE, *au domestique.* Pierre, versez.

On s'assied.

COUTURIER, *prenant une tasse lui-même.*
Pierre, versez*... (*Regardant le domestique, et à demi-voix.*) Tiens, c'est vous que
j'ai couché tout-à-l'heure sur la banquette?
(*Lui donnant une poignée de main.*) Excusez, vieux!...

*Il va porter sa tasse sur la petite table devant la-
quelle se trouve Bruno.*

GUSTAVE, *qui s'est approché, bas à Beauregard.* Quel est cet original?

BEAUREGARD, *de même.* Un ami de
monsieur, un ouvrier fileur...

GUSTAVE, *de même.* Comment! ce cher
cousin reçoit toujours ces gens-là? (*Haut,
Bruno.*) Eh bien, mon cher Bruno, vous
ressentez-vous encore de l'indisposition
qui vous a fait quitter la table?

BRUNO. Quelle indisposition? (*Adèle lui
fait un signe.*) Ah! oui... oh! ça va mieux,
merci... c'était... c'était... le sang...

* Adèle assise à gauche, Gustave, Beauregard
dans le fond allant et venant; Couturier et Bruno
assis à une table à droite; la société est assise un peu
à gauche et dans le fond du même côté.

ADÈLE. Mon mari est très-sujet aux
étourdissemens.

COUTURIER, *bas à Bruno.* C'était donc
aussi dans l'héritage... les étourdissemens,
je ne te connaissais pas ça? (*Au domestique.*)
Garçon!... garçon!.. (*on rit*) passez-moi le
sucre, cher ami, sans vous commander.

GUSTAVE, *à Adèle, en poussant un petit
éclat de rire.* Oh! il est délicieux, monsieur
Couturier.

ADÈLE, *se contraignant.* Mon cousin, je
vous en prie...

COUTURIER, *bas à Bruno.* Qu'est-ce qu'il
a donc à ricaner monsieur ton cousin?

BRUNO, *de même.* Pourquoi appelles-tu
mon domestique garçon?

COUTURIER, *riant.* Tiens, c'est vrai, je
me croyais à l'estaminet du Renard. (*Au
domestique qui lui tient le sucrier.*) Merci,
jeune homme... Oh! c'te bêtise! des pin-
cettes dans un sucrier... en v'là une in-
vention!

BRUNO, *le poussant, bas.* C'est pour
prendre le sucre, imbécile!

COUTURIER. On ne sait que s'ingérer,
ma parole! (*Au domestique.*) Merci, bonhomme, j'ai mon affaire.

GUSTAVE, *bas aux dames.* Décidément
il est à mettre sous verre, le fileur!

COUTURIER, *bas à Bruno.* Ton cousin se
plisse toujours la lèvre en me regardant...
il ne me gante pas, ton cousin... est-ce
qu'il me gouaillerait, finalement?

BRUNO, *de même.* Eh non!... il ne fait
pas attention à toi... il cause avec ma
femme...

COUTURIER, *de même.* Oui... il a même
l'air très-aimable avec ta femme...

BRUNO. Hein?...

GUSTAVE, *à Bruno.* Eh bien, mon cher
Bruno, vous êtes-vous amusé hier à l'O-
péra?

BRUNO. Ma foi non, votre M. Moïse m'a
endormi... et, sans le ballet, je ronflais
dans la loge. C'est comme vos Bouffa...
où je n'y comprends pas un mot... j'aime
mieux l'Ambigu.

COUTURIER. Oh! l'Ambigu... parlez-
moi de ça!... onze actes par soirée, à la
bonne heure, c'est çà une bonne mesure!

GUSTAVE. L'on se rattrape sur la quantité.

BRUNO. Pierre, versez-nous du rhum.

COUTURIER. Du vrai rhum, hein?...
rhum des Amériques!... (*Au domestique
qui verse. Il a mis son petit verre dans sa
soucoupe, et s'est levé.*) Honnêtement, jeune
homme, avec le bain de pied... allons
donc, jusqu'à la cheville...

Tout le monde rit.

GUSTAVE, *riant.* Quant à moi, Pierre, vous me donnerez du kirsch, mais pas avec le bain de pied, pas jusqu'à la cheville.

BRUNO, *donnant un coup de pied à Couturier.* Es-tu bête avec ton bain de pied!

COUTURIER, *haut.* Ah! dam... excusez-moi... j'entends rien à vos étiquettes.

GUSTAVE. Nos étiquettes!... (*A Adèle.*) Décidément, c'est un divertissement que vous nous ménagiez.

COUTURIER, *bas, à Bruno.* Veux-tu que je te dise?...ton cousin me monte au nez... je n'peux pas avaler son air...

BRUNO. Avale ton petit verre, et tais-toi...

ADÈLE*, *se levant, à Bruno.* Que ferons-nous ce soir, mon ami?

BRUNO, *d'un air contrarié. Il se lève.* Moi, je tiendrai compagnie à mon ami Couturier, que je suis enchanté de revoir.

Couturier s'est levé.

GUSTAVE. Comment? vous n'irez pas au bois par une soirée aussi belle?

BRUNO. Si vous désirez y aller, ma bonne Adèle, que cela ne vous en empêche pas...

GUSTAVE, *à part.* Bon, elle ira seule.

ADÈLE. Si vous restez, mon ami, je resterai.

BRUNO. Non pas, je ne veux pas vous priver de votre promenade... d'ailleurs j'ai à jaser avec mon ami Couturier.

GUSTAVE. Si vous permettez que je vous accompagne, belle cousine...

ADÈLE. Merci, mon cousin...

BRUNO. Non pas, Adèle, je vous en prie...

GUSTAVE. Ma cousine, ne me refusez pas.

ADÈLE. Puisque mon mari le permet...

COUTURIER, *bas, à Bruno.* Tu permets ça, toi?...

BRUNO, *de même. Il le faut bien, puisque je veux rester avec toi.

COUTURIER. Jobardo, Jobardini!...

ADÈLE. Si ces dames veulent faire un tour de jardin avant de partir... je leur demanderai la permission d'aller mettre un chapeau.

Tout le monde se lève.

GUSTAVE. Dans un instant, charmante cousine, je viendrai vous prendre. (*A part.*) Il faut qu'aujourd'hui je sache à quoi m'en tenir. (*Haut, et saluant Couturier, en riant.*) M. Couturier, au plaisir de vous revoir.

* Gustave, Adèle, Bruno. Couturier.

Mes amis, terminons ce beau jour, etc.

Adèle sort par la gauche; tous les autres, excepté Bruno et Couturier, sortent par le fond.

SCENE VI.

COUTURIER, BRUNO.

COUTURIER. Dis donc, Bruno, c'est donc bon genre de rire au nez des personnes?

BRUNO, *un peu gêné.* Pourquoi me dis-tu ça?

COUTURIER. C'est qu'ils ne s'en font pas faute, tes parens et amis; nous avions l'air de les amuser pas mal.

BRUNO. Mais non, mon cher Couturier, tu te trompes.

COUTURIER. Suffit, je m'entends... et si tu veux que je te donne un bon conseil... au fait, non, ça ne me regarde pas.

BRUNO. Parle... est-ce que tu vas te gêner avec moi?...

COUTURIER. C'est un beau cavalier, sais-tu bien, que ton cousin Gustave? tout ricanier qu'il est, faut en convenir... Il n'est pas déchiré, il est agréable à la vue... il met sa cravate d'une manière soignée... oh! c'est un beau moderne!

BRUNO. Eh bien! où veux-tu en venir?

COUTURIER. Je veux en venir... qu'à ta place je ne le laisserais pas faire l'aimable auprès de ma femme... et la mener à la promenade...

BRUNO. Où est le grand mal? le cousin Gustave est poli, galant pour Adèle... mais voilà tout...

COUTURIER. C'est possible... mais ça peut faire jaser. Ils vont aller ensemble au bois de Boulogne, n'est-ce pas?... eh ben! en voyant ton épouse, on se demandera : « Quelle est donc cette jolie petite dame? — C'est Mme Bruno, qu'on répondra. — Et ce jeune homme? — C'est son cousin. — Ah! diable, son cousin? » Et, vois-tu, ce mot-là fait toujours l'effet d'un objet de contrebande.

BRUNO. Je voudrais bien voir qu'on ose penser!... Adèle connaît trop ses devoirs...

COUTURIER. Oh! pour ça, j'en réponds, mais ça n'empêche pas les suppositions... ton cousin est l'ami de la maison, il vient chez toi quand il veut, il t'appelle son cher ami, il fait le gentil, il te tapote les mains... veux-tu que je te dise? tout ça c'est des baisers de Judas, et ça ne m'irait pas

Air *des anguilles de Masaniello.*

Mou cher, je l'avoue, à ta place,
Ça me donnerait du tintouin ;
Un mari me semble cocasse
Quand il serr' la main d'un cousin.
D'un combat c'est comme l'attaque.
Ça m' produit l'effet, à peu près,
D'un Prussien ou bien d'un Cosaque
Qui press'rait la main d'un Français.

BRUNO. C'est possible... mais veux-tu donc que je défende à ma femme de voir ses parens ? que je l'empêche de recevoir de la société ?... quand je suis sûr déjà qu'elle se prive, à cause de moi, d'aller plus souvent dans le monde... T'es bien heureux, toi, de pouvoir faire ce que tu veux... t'as pas de soucis...

COUTURIER. Mes soucis, je les ai mis au Mont-de-Piété, et j'ai perdu la reconnaissance... les soucis et moi ça ne passe pas par le même corridor. Mais, après tout, tu ne dois pas tant en avoir non plus, farceur d'électeur !... avec une jolie femme, une santé de chanoine, et des sonnettes dans toutes les poches de tes vêtemens... je m'apitoyerais sur toi si j'avais le temps, monsieur l'opulent.

BRUNO. Oh ! c'est égal... il y a bien des choses qui me chiffonnent va, et quand je suis là, tout seul, à part moi...

Air *du Rocher de Saint-Malo.*

Tout bas en cachette,
Souvent je regrette
Mon ancien état d'fileur,
Qui f'sait mon bonheur.
Va, tous ces biens que tu prônes
Caus'nt moins d'bonheur que d'tracas.
J'n'aim' pas l' plaisir en gants jaunes,
L'étiquett' ne m' convient pas.
Qu'importe la pauvreté,
Quand on a sa liberté !

Et cette liberté, je ne l'ai pas, malgré tout mon or... je suis l'esclave du monde et de ses usages... Autrefois, du moins, j'avais mon franc-parler ; quand quelqu'un ne m'allait pas, je tapais d'sus, et tout était dit... à c't'heure, c'est pus ça, faut s'taire et marronner, car je suis condamné au bon genre à perpétuité !... aussi...

REPRISE DU REFRAIN.

Tout bas en cachette,
Souvent je regrette
Mon ancien état d' fileur,
Qui f'sait mon bonheur.

COUTURIER.

Puis, t'en souviens-tu... l' dimanche
Quel plaisir, quel jubilé,
Quand nous allions, ô bombance !...
Manger le petit salé !
Chacun mettait habit bas,
Le vrai bonheur va nu-bras !...

Et alors tremblement général ! on criait, on chantait, on dansait, on savourait la sauce noire du père Bajazou... à l'enseigne du Chien à trois pattes ; on s'abandonnait au petit vin d'Argenteuil à douze... comme ça coulait ! quel fleuve de volupté !... oh ! v'oui, je conçois tes soupirs.

REPRISE ENSEMBLE.

Tout bas en cachette,
Souvent { il / je } regrette
Mon / Son } ancien état de fileur,
Qui f'sait { mon / son } bonheur.

COUTURIER. Ah ! dame, à c't'époque-là on n'avait pas besoin de col de satin, de gilet chinois, et de gants beurre demi-sel.

BRUNO. Ah ! vois-tu... ces souvenirs-là... ça me réjouit et ça m'attriste en même temps. Tiens, Couturier, viens te mettre là à table... je veux te verser des petits verres comme autrefois.

COUTURIER. Verse-moi des petits verres comme autrefois !

BRUNO. Je veux causer avec toi sans gêne, à cœur ouvert, comme autrefois.

Ils sont assis à la table à droite et boivent. *

COUTURIER. Sans gêne... à cœur ouvert, comme autrefois.

Il boit.

BRUNO. J'ai besoin, mon vieux, de t'ouvrir mon ame, de te dire tout ce qui se passe là.

Il se frappe sur le front.

COUTURIER. Ouvre-moi ton ame, ma vieille, dis-moi tout ce qui se passe là.

BRUNO, *après avoir regardé si on ne l'écoute pas.* Couturier, je ne suis pas heureux !

COUTURIER. Toi ?

BRUNO. Moi... car le genre de vie que je mène m'est devenu insupportable : voilà six mois que ça me pèse sur la poitrine, que ça m'étouffe !... que ça m'emb... j'veux pas dire le mot.

COUTURIER. J'l'ai saisi.

BRUNO. Aussi, il arrivera un moment où faudra que tout ça finisse ; je suis las de passer dans le monde pour un sauvage, pour un imbécile... je suis las d'être forcé de sourire à tout bout de champ, de trouver charmant ce qui est godiche et stupide, et de faire l'aimable avec des gens que je déteste, avec des gens qui m'emb... j'veux pas encore dire le mot.

COUTURIER. Saisi... saisi...

* Couturier, Bruno.

BRUNO. Ah ! sans la tendresse que j'ai pour mon Adèle, il y a long-temps que j'aurais tout envoyé promener... parens, laquais, chevaux, beau monde... afin de vivre à ma guise... largement, richement, mais sans façons, avec des amis de mon choix... mais cette existence-là chagrinerait ma femme... ma femme que j'aime tant !... et pourtant, tu m'as encore mis martel en tête tout-à-l'heure, en me parlant de ce Gustave... C'est que c'est vrai; cet homme s'est introduit ici, presque malgré moi ; il s'y est installé sous le prétexte de me donner des leçons de bon ton. Après tout, tu m'as dit ça en l'air, n'est-ce pas, Couturier ?

COUTURIER. En l'air, en l'air !... eh ben, non, c'est pas en l'air.

BRUNO. Comment ça ?

Ils se lèvent.

COUTURIER. Oui ; tiens, quand j'attendais dans ton antichambre, j'ai entendu jaser tes domestiques... ils disaient que tout le monde riait de tes efforts à devenir un homme comme il faut... ils te comparaient à ton cousin Gustave, et je t'avoue que l'avantage n'était pas de ton côté. Si j'étais à la place de madame, disait une petite femme de chambre, je sais bien ce que je ferais...

BRUNO. Ah ! elle disait ça, la femme de chambre... Oh! minute, mon cher cousin, minute !... de vos belles manières, j'en ai déjà plein le dos... je ne veux pas en avoir par-dessus la tête... et si jamais !!...

Il prend la gauche.

COUTURIER. Eh ben, eh ben !.. presti ! comme tu t'échauffes... tu vas trop loin aussi.

BRUNO. Non, non... car maintenant je me rappelle une foule de petites choses... légères en apparence...Oh ! j'y veillerai... et quant à cette promenade au bois de Boulogne..... je vais commencer..... Qui vient là ?

oooooooooooooooooooooooooooooooooooooooo

SCENE VII.

LES MÊMES, BEAUREGARD, *un bouquet à la main* *.

BEAUREGARD. C'est moi, monsieur Bruno... je viens de faire atteler la calèche...

BRUNO. Et qui vous a dit de faire atteler ?

* Bruno, Beauregard, Couturier.

BEAUREGARD. C'est votre cousin Gustave... qui va venir prendre madame...

BRUNO. Qu'est-ce que c'est que ce bouquet ?

BEAUREGARD. On vient de l'apporter pour madame... de la part...

BRUNO. De la part ?

BEAUREGARD. De votre cousin Gustave.

BRUNO. Le cousin Gustave !... toujours le cousin Gustave !... donnez-le-moi, ce bouquet, je le remettrai moi-même à ma femme.

Il prend brusquement le bouquet des mains de Beauregard.

BEAUREGARD, *bas à Couturier.* Qu'a-t-il donc ? il a l'air tout bouleversé !

COUTURIER, *de même.* C'est rien... c'est son dîner... une fausse digestion... il aura mangé du melon...

BRUNO, *à lui-même, regardant le bouquet.* Quelle galanterie !... il a mis à peine le pied dehors, qu'il lui envoie des fleurs... et tout-à-l'heure il va la venir prendre, et elle le remerciera avec un sourire gracieux, elle le complimentera sur la fraîcheur de ce bouquet... Eh... mais... qu'est-ce que cela ?... (*Il écarte les fleurs du bouquet et en tire une petite lettre.*) Une lettre !... une lettre ! oh !...

Il se laisse tomber sur le canapé à gauche.

BEAUREGARD. Mais, monsieur, qu'avez-vous ? vous pâlissez.

COUTURIER. En effet, t'as la figure à l'envers, Bruno ?

BRUNO, *qui a caché la lettre et s'est efforcé de prendre un air calme.* Moi, non... ce n'est rien... je n'ai rien... (*Il se lève.*) Monsieur Beauregard, j'ai changé d'idée. (*Lui rendant le bouquet.*) Tenez, acquittez-vous de votre commission... portez ce bouquet à madame...

BEAUREGARD, *prenant le bouquet.* Est-ce que, par hasard, l'envoi de ce bouquet vous aurait contrarié, mon cher monsieur Bruno?... cela n'en vaut pas la peine... Dans le monde... ce sont de ces choses... sans conséquence...

BRUNO, *se contenant.* C'est bien, c'est bien... je n'ai pas besoin de vos réflexions... laissez-nous...

BEAUREGARD. Mille pardons... je faisais seulement observer à monsieur...

BRUNO. Laissez-nous, vous dis-je...

Beauregard sort.

SCENE VIII.

BRUNO, COUTURIER.

COUTURIER. Ah çà! Bruno, il y a quelque chose en toi de pas naturel mon garçon... Les yeux te dansent dans la tête!..

BRUNO. Couturier, mon ami, je suis le plus malheureux des hommes!.. Ce bouquet!... cet affreux bouquet... tiens, voilà ce que j'ai trouvé dedans...

COUTURIER. Ce papier?

BRUNO. Une lettre!... une lettre pour Adèle... elle me trompait... Oh!...

COUTURIER. Veux-tu bien te taire?... Qu'est-ce que tu dis là?... accuser ta femme sans avoir de preuve...

BRUNO. Et cette lettre...

COUTURIER. Eh bien! cette lettre... qu'est-ce que ça prouve? sais-tu ce qu'il y a dedans?... l'as-tu lue?

BRUNO. Ah!... Couturier!... quel espoir!... Oh! oui, il est impossible...

COUTURIER. Il faut la lire... ouvre vite...

BRUNO, *tremblant*. La lire... oui... tu as raison...

Air : *Pour arrêter ce combat meurtrier.*
Et cependant, en brisant ce cachet,
Ah! malgré moi, je tremble, je chancelle...
Ami, j'y songe... en ouvrant ce billet...
C'est, il me semble, outrager mon Adèle.
Oh! non, son cœur ne peut être assez bas...
C'est l'insulter, c'est douter de son âme,
C'est supposer qu'ell' n'est plus honnêt' femme...
     Non, non... je ne l'ouvrirai pas,
          Je ne l'ouvrirai pas.
     Il jette la lettre à terre.

COUTURIER, *ramassant la lettre*. C'est possible... mais comme il y a d'autres choses à éclaircir... je l'ouvre, moi... et je vas te déchiffrer ça... (*Il lit.*) « Ma jolie cousine. » (*S'interrompant.*) C'est bien du cousin. (*Continuant.*) « Je n'y tiens plus...
» à l'amour ordinaire on peut comman-
» der; mais à l'amour passionné il est
» impossible d'imposer silence. Par dé-
» vouement pour votre père, vous êtes de-
» venue la femme d'un homme que vous
» ne pouvez aimer, car cet homme est in-
» capable de vous apprécier; car cet homme
» vous éloigne d'un monde où vous devriez
» briller, et qu'il vous faut fuir pour n'y
» pas rougir de votre mésalliance...

BRUNO, *avec douleur*. Rougir de moi!

COUTURIER, *continuant*. « A celui qui
» vous adore, qui ne voit, qui ne rêve que
» vous... un peu d'espoir, ô ma jolie cou-
» sine... Si ce billet trouve grâce à vos

» yeux, portez le bouquet qui l'accom-
» pagne, et mes regards vous remercie-
» ront d'un bonheur pour lequel je don-
» nerais ma vie...
           » GUSTAVE. »
L'insolent!

BRUNO, *avec fureur*. Oh! oui, c'est ta vie qu'il faut donner pour tout cela...

COUTURIER. Bruno, calme-toi... tu vas trop loin...

BRUNO. Rougir de moi!... Oh! si cela était!... si Adèle...

COUTURIER. Mais non, mais non... ta femme t'aime... t'estime... Tu vois bien par cette lettre qu'elle ignore même l'amour de son cousin... Bruno, pas de bruit, pas d'éclat... Tais-toi, et flanque-moi ce gaillard-là à la porte... voilà tout ce que t'as à faire...

BRUNO, *avec explosion*. Voilà tout!... congédier ce Gustave... lui tirer mon chapeau... et puis bonjour... Tu te fourres dans la tête que ça peut finir comme ça? voilà tout!... mais il faut que je le tue c't' homme-là! il faut que je le soufflette avec son insolent billet... que je le fasse sauter par la fenêtre, ou qu'il me rende raison de son insulte.

COUTURIER. Il y a encore ça; mais il ne s'alignera pas avec toi... pour se battre à l'antique... à coups de poing.

BRUNO. Eh! que m'importe!...

UN DOMESTIQUE, *annonçant*. Monsieur Gustave.

BRUNO. Lui!

COUTURIER. Bruno, Bruno... du calme, mon bonhomme, possède-toi.

BRUNO. Sois tranquille.

SCENE IX.

COUTURIER, BRUNO, GUSTAVE.

Bruno pendant le commencement de cette scène peut à peine se contenir.

BRUNO Ah!.. c'est vous... cher cousin!..

GUSTAVE. Je suis un peu en retard, mais il n'y a pas de ma faute.

BRUNO. Pour un galant... tel que vous... ça n'est pas bien de se faire attendre... cher cousin.

Il appuie toujours sur les derniers mots.

COUTURIER, *bas à Bruno*. Possède-toi.

GUSTAVE. Au reste... la calèche n'est point encore attelée... Ma cousine est-elle prête?

BRUNO. Mais... ça ne peut pas tarder, et Beauregard vient de lui porter vot' bouquet... cher cousin...

* Couturier, Bruno.

GUSTAVE, *étonné*. Ah ça!... mais vous avez un air singulier... en me parlant... mon cher Bruno..

BRUNO. Vous trouvez... mon cher cousin?...

COUTURIER. Possède-toi, possède-toi.

GUSTAVE. Vous étiez peut-être occupés... je vous aurai dérangés... Je vous laisse donc pour aller chercher ma jolie cousine.

Il se dispose a partir, Bruno se place devant lui.

BRUNO. Oh! vous resterez bien un petit moment avec nous...

GUSTAVE. Pardon... Je crains que ma cousine..

Il veut sortir, Bruno s'arrête en lui saisissant fortement le bras.

BRUNO. Allons donc... restez là... aussi bien il faut en finir, et ce n'est pas avec ma femme que vous devez sortir en cet instant... mon cher cousin; car ma femme pourrait porter votre bouquet, et ce serait bien innocemment... car moi seul ai découvert ce que vous avez eu l'insolence de mettre dedans.

GUSTAVE, *à part, tranquillement*. Allons... il sait tout!... (*Haut.*) Je vous comprends maintenant... nous sortirons quand vous voudrez.

BRUNO, *avec force*. Oui!... Et pourtant dites-moi un peu, mon beau cousin... si je me vengeais de vous sans sortir d'ici... n'y aurait-il pas justice à agir ainsi?...

COUTURIER. Ça se gâte!...

BRUNO. Ah! ma femme doit rougir de moi!... parce que je suis un ouvrier, n'est-ce pas?... un grossier personnage?... Eh bien! si l'ouvrier usait des armes que lui a données la nature, en vous faisant sauter par cette fenêtre?... Si l'ouvrier vous disait: Cher cousin, habit bas... et en garde!.. n'y aurait-il pas justice à agir ainsi?

COUTURIER, *à part*. On va se chiffonner...

GUSTAVE, *souriant*. Je vous avoue que ce genre de combat...

BRUNO. Ne vous irait pas... Je le conçois, ça pourrait déranger les boucles de vos cheveux... ou les plis de votre cravate. Vous préférez vous servir de l'épée ou du pistolet, parce que chacune de ces armes vous est familière... ça entre dans l'éducation des gens bien élevés... On peut alors s'introduire dans la maison d'un honnête homme, lui presser la main, se dire son ami, séduire sa femme, le déshonorer... et puis après le tuer avec grâce... Oh! peu m'importe!... cela ne m'empêchera pas de broyer dans mes mains votre impertinent billet... et de vous le jeter à la face!...

Il exécute cette menace, Couturier ramasse la lettre.*

GUSTAVE, *avec force*. Monsieur Bruno!..

BRUNO. Allons... pas de gestes... ou je m'en sers... La calèche doit être attelée... A présent... en route.

COUTURIER, *repassant à la gauche*. Nous prendrons en chemin un témoin pour ton cousin... filons.

BRUNO, *remontant, ainsi que Gustave et Couturier*. Ciel!... Adèle!...

<hr>

SCENE X.

LES PRÉCÉDENS, ADÈLE, *en toilette* **.

Elle entre par le fond.

ADÈLE. Me voici, mon cousin... je suis prête...

GUSTAVE. Mille pardons... ma cousine... je venais m'excuser auprès de vous... une affaire... que j'avais... oubliée... Bref, il m'est impossible de vous accompagner à la promenade...

ADÈLE. Comment...

BRUNO. Oui, ma chère amie... il faut excuser notre cousin, il s'agit d'un rendez-vous auquel je dois me trouver avec lui... Cela nous était tout-à-fait sorti de la tête...

COUTURIER, Ça lui était tout-à-fait sorti de la tête!...

BRUNO, *bas à Couturier*. Reste ici pour ne pas éveiller ses soupçons...

COUTURIER, *de même*. Par exemple!...

ADÈLE. Et peut-on savoir quelle est cette grave affaire?...

BRUNO. Le temps nous presse, et ce serait un peu long à expliquer. Couturier vous contera ça...

Il fait passer Couturier du côté d'Adèle.

COUTURIER. C'est que...

ADÈLE. Mais dites-moi donc au moins...

BRUNO. Dans un quart d'heure je suis de retour...

ADÈLE. De grâce...

Elle les suit jusqu'à la porte.

BRUNO. Allons... partons... mon cousin, je suis à vos ordres.

Ils sortent vivement.

* Bruno. Couturier passe pour les séparer; Gustave.

** Couturier, Bruno, Adèle, Gustave.

●●

SCENE XI.

COUTURIER, ADÈLE.

COUTURIER, *à part.* S'il se figure que je vas rester là...

Il cherche à sortir, et se trouve devant Adèle, qui a ôté son chapeau et son mantelet.

ADÈLE, *encore au fond, arrêtant Coutu- rier.* Monsieur Couturier...

COUTURIER, *à part.* Je suis cloué!...

ADÈLE. M'expliquerez-vous ce que si- gnifie cette brusque sortie?

Ils redescendent.

COUTURIER, *à part.* Que le diable m'em- porte si je sais que lui dire!... (*On entend rouler la voiture.*) Les v'là qui s'éloignent... Oh!... je bisque!...

ADÈLE. Vous hésitez à me répondre...

COUTURIER. Moi, madame, hésiter!... pas du tout... pourquoi donc que j'hési- terais... c'est une chose si simple à dire... V'là deux hommes qui se rappellent qu'ils avaient quelque chose à terminer... et y en a un qui dit : Eh bien! dites donc, à propos, eh bien! c't'affaire, faudrait voir à finir ça... Ah! diable, c'est vrai, je n'y pensais plus.... Eh ben! voyons, au fait, puisque nous v'là réunis, il y a assez long- temps que ça traîne en longueur... Vous savez, Bruno n'aime pas les choses à moitié faites... Il est vif... et puis faut de l'ordre dans une maison... C'est comme votre brave père, en v'là un honnête homme!... Il y a dix ans seulement, ça de- vait faire un gaillard encore... Après ça, on ne peut pas être et avoir été... Alors ils ont dit : Finissons-en... Après tout, ça ne sera pas long... Bruno va revenir... faut pas vous inquiéter... (*A part.*) Je barbotte, c'est un fait... je barbotte.

ADÈLE. Monsieur Couturier, vous me cachez quelque chose... oh! ne cherchez pas à mentir... j'en suis sûre, je vous en prie, dites-moi ce qu'avait mon mari.... ici, tous les deux, vous avez causé long- temps... Bruno vous aurait-il confié...?

COUTURIER. Eh bien! oui... oui, ma- dame... nous avons jasé comme une paire d'amis... mais quant au sujet de notre con- versation...

ADÈLE. Oh! je veux le savoir... mon Dieu! que dois-je donc craindre?.. mon- sieur Couturier, parlez, je vous en supplie!

COUTURIER. Dam!... c'est que c'est un secret... du fin fond de son cœur... et il faudrait me promettre... (*A part.*) Mon

Dieu! il se bat sans doute en ce moment... je grince!

ADÈLE. Je me tairai, je vous le jure, par- lez, parlez!

COUTURIER, *à part.* Ma foi, au bout du compte, je ne vois pas pourquoi elle ne saurait pas... (*Haut.*) Voyez-vous, ma- dame Bruno, votre mari est un brave gar- çon, plein d'honneur, de vertu... et qui se mettrait dans un four chaud, plutôt que de vous causer gros de ça de chagrin... de vo- tre côté, vous êtes bonne, douce, pas vani- teuse... enfin, pétrie de jolies qualités.

ADÈLE. Mais, monsieur...

COUTURIER. Pétrie de jolies qualités.... sans vous commander... Oh! sous le rapport du cœur, vous êtes sur la même ligne... mais malheureusement pour tout le reste, Bruno n'est pas au niveau de votre niveau... depuis son mariage, il n'a eu qu'une pensée, qu'une ambition... c'est d'arriver jusqu'à vous, de perdre ses an- ciennes habitudes... de s'efforcer de deve- nir un monsieur de société, un homme comme y faut... et par malheur, le pauvre garçon a vu que ça lui était impossible... il atteindrait peut-être bien le ton d'un bon bourgeois, d'un brave marchand re- tiré... mais un grand genre!.. jamais.... A l'éclat de votre grand monde, il ira tou- jours se brûler comme un hanneton à la chandelle, il le sent bien, et voilà ce qui l'affecte, ce qui le désole... voilà ce qu'il me disait bien bas, bien bas... de crainte que vous ne pussiez l'entendre.

ADÈLE. Que m'apprenez-vous?.. c'est là ce qu'éprouve Bruno, et il ne m'a pas con- fié...

COUTURIER.
AIR : *Adieu à Venise.*
PREMIER COUPLET.
Il me disait encore :
Mon tourment est affreux;
Mais ici... qu'on l'ignore,
Que j'sois seul malheureux!
D'vant ma femm', du silence!
Cachons-lui ma douleur,
De peur que ma souffrance
Ne trouble son bonheur.

ADÈLE, *parlé.* Comment?

COUTURIER.
DEUXIÈME COUPLET.
Il ajoutait, madame,
Maîtrisant son courroux :
La mort est dans mon ame...
Je suis... je suis jaloux.

Mais...

D'vant ma femm', du silence!
Cachons-lui ma douleur,
De peur que ma souffrance
Ne trouble son bonheur.

ADÈLE. Est-il possible!..

COUTURIER. Oui, voilà l'homme... pour vous éviter une peine, il souffrira en silence, il donnera son repos, son bonheur... il fera bonne mine à des gens qu'il porte sur ses épaules... à un monsieur Gustave, par exemple !

ADÈLE. Gustave !

COUTURIER. J'ai filé le mot... tant pire !

ADÈLE. Eh ! mon Dieu ! que ne le disait-il ?... il y a long-temps que les assiduités de mon cousin m'importunent et me fatiguent.

COUTURIER, *vivement*. Bien vrai !.. oh j'en étais sûr... que les manières et les galanteries de cet homme-là ne vous avaient pas séduite.

ADÈLE. Non certes... Est-ce que mon mari aurait supposé...?

COUTURIER. Lui, vous soupçonner !...par exemple !.. oh ! non...

ADÈLE. Mais alors... pourquoi donc ce mystère ?.. pourquoi donc cette sortie?

COUTURIER. Pourquoi... pourquoi?.. eh bien ! parce que dans ce bouquet que vous tenez... et que votre cousin vous avait envoyé...

ADÈLE. Eh bien?

COUTURIER. Il y avait une lettre... dans la lettre, une déclaration d'amour... et dans la déclaration d'amour de quoi mettre deux hommes en présence.

ADÈLE, *jetant vivement à terre son bouquet*. Oh ! mon Dieu !.. ils sont allés se battre !

COUTURIER. Madame, rassurez-vous.... queq'fois ça s'arrange... on déjeune... ou bien on ne s'attrape pas.

ADÈLE. Ils sont allés se battre....et vous qui vous dites son ami, vous les avez laissés partir.

Elle tombe sur un fauteuil en pleurant.

COUTURIER. Oui, parce que Bruno devait se battre... parce que votre mari ne peut pas être un lâche... c'est en me suppliant au nom de notre amitié qu'il a pu me décider à rester avec vous ; mais maintenant je cours les rejoindre... où ça, je n'en sais rien... n'importe, je vas toujours courir, et faudra bien que je les retrouve.

On entend rouler une voiture ; Adèle se lève tout-à-coup. *

COUTURIER, *courant à la fenêtre*. Ah ! c'est lui !.. rassurez-vous... il n'est pas blessé... il descend lestement... il arrive.

ADÈLE, *qui a couru à la fenêtre*. Oui, c'est bien lui... sain et sauf... ah ! merci, mon Dieu !

COUTURIER. Madame , souvenez-vous que c'est un secret que je vous ai confié...

____

* Adèle, Couturier.

et que vous m'avez juré de n'en rien dire.

ADÈLE. Je tiendrai ma promesse... Oh! maintenant, oui, maintenant , je connais mon devoir.

Elle sort par la gauche.

SCENE XII.

BRUNO, COUTURIER.

COUTURIER. Dieu soit loué, Bruno, mon ami.

Il va le prendre par la main.

BRUNO. Aïe !.. tu me fais mal !

COUTURIER. Ah mon Dieu !.. serais-tu blessé?

BRUNO. A cette main, oui... un rien.... une égratignure... ah ! j'aurais préféré une bonne blessure dans la poitrine.

COUTURIER. Par exemple !

BRUNO. Oui, car alors je n'aurais pas été humilié par ce Gustave, qui, se riant de ma maladresse, m'a épargné, et s'est contenté de me faire cette piqûre, lorsqu'il pouvait me tuer... oh ! être obligé de reconnaître de la générosité dans cet homme, voilà ce qui m'exaspère, ce qui me rend furieux... car demain on se moquera de moi, peut-être... et lui, lui, on vantera sa délicatesse ; on admirera son adresse... rien de plus noble, en effet, que d'effleurer légèrement la peau d'un adversaire qui n'a jamais manié une épée... et c'est encore aux usages du monde que je devrai cette humiliation... Oh! le monde... le monde!.. Couturier, il faut que cela finisse... tu es mon ami, n'est-il pas vrai?

COUTURIER. En peux-tu douter ?

BRUNO. Eh bien ! alors, tu me suivras...

COUTURIER. Te suivre.... quel est ton projet?

BRUNO. Partir... oui, seul avec toi.... cette nuit, je partirai... je m'affranchirai de ces usages qui ne peuvent me convenir, je m'éloignerai d'une société qui semble à tout moment me reprocher mon origine... (*Adèle paraît à la porte à gauche.*) Quant à Adèle, je ne manquerai pas au serment que je lui ai fait, je ne lui imposerai pas mes goûts... qu'elle vive heureuse loin de moi, puisque le même air ne peut nous convenir... je lui abandonne cet hôtel, les trois quarts de ma fortune, et je me sépare d'elle à jamais... car je ne veux pas la voir rougir de moi !

Mouvement d'Adèle, réprimé par un signe de Couturier.

COUTURIER. Bruno, que dis-tu là?... tu es injuste envers ta femme, entends-tu bien?... Tu veux partir, t'as raison, je t'approuve... mais partir sans elle, cela ne se peut pas!

BRUNO. Cela sera pourtant... je ne m'exposerai pas plus long-temps aux rires et aux moqueries d'une société qui n'est pas mon fait... J'adore ma femme... pour elle, je donnerais ma vie, s'il le fallait... mais puisque je ne puis m'élever jusqu'à elle...

SCENE XIII.

Les Mêmes, ADÈLE *.

ADÈLE. C'est à elle de descendre jusqu'à toi!

BRUNO. Adèle!

ADÈLE. Oui, mon ami, je renonce au luxe, au grand monde... je veux dorénavant vivre plus pour nous et moins pour les autres... et, surtout... *(avec tendresse)* oh! surtout ne plus t'exposer, à cause de moi, à des dangers aussi affreux... Ce soir même, nous partirons pour Saint-Ouen, nous irons retrouver notre père... notre bon père, qui te doit tout, et qui ne l'oubliera jamais, non plus que ton Adèle...**

BRUNO, *attendri.* Veux-tu bien te taire!... O mon Dieu! ce n'est point un rêve... plus d'ennuis, plus d'étiquette! et déjà tu viens de me tutoyer... Couturier, elle m'a tutoyé...

COUTURIER, *moitié pleurant, moitié riant.* Elle l'a tutoyé!

BRUNO. C'est commun, ça ne se fait pas, mais j'aime mieux ça... Ma femme!... ma

* Couturier, Adèle, Bruno.
** Couturier passe par derrière, près de Bruno. Bruno, Adèle.

chère petite femme... oh! mais, je ne veux pas accepter ton sacrifice... je ne veux pas que tu renonces aux plaisirs de Paris.

ADÈLE. Plus tard, plus tard, nous reparlerons de cela.

COUTURIER. Je te le disais bien que nous ne partirions pas sans elle... et maintenant que tu vas à Saint-Ouen... j'accepte tes offres de ce matin... je consens à quitter la fabrique, à vivre comme un chanoine... je fumerai avec ton beau-père... je boirai du bishoff... je pêcherai à la ligne... nous rirons, nous dirons des bêtises... enfin, nous serons heureux à en rendre jaloux tous les dieux de l'Olympe, y compris M. le sous-préfet lui-même... gare là-dessous!

ENSEMBLE.

Air *de Jullien* (Francesca).

Bien douce espérance,
Nouvelle existence, (bis)
Selon { mes / ses } vœux,
Enfin, { je suis / il est } heureux!

COUTURIER.
L'plaisir les enivre!...

BRUNO.
Quoi! tu veux me suivre!...

ADÈLE.
Pour toi je veux vivre!

BRUNO.
Partons au galop!...
Ma chère p'tit' femme,
Trop d' bonheur m'enflamme!...

COUTURIER, *passant entre eux.*
Pour moi je réclamme
C'que vous aurez d' trop! *

ENSEMBLE.

Bien douce espérance, etc.

* Après avoir dit cela entre Bruno et Adèle, il passe à la droite : « Bruno, Adèle, Couturier. »